暮らしを磨く美しい言葉

読むだけで美人になる70のヒント

暮らしを磨く美しい言葉

読むだけで美人になる70のヒント

第 I 章

美を磨く

I

朝はまず髪を
きれいに整えましょう。

だれにも会わないし外出もしない、という日も、髪を整え、お化粧し、身なりを整えていましょう。きれいでいることは歯を磨くことと同じ、お休みはなし、です。だれにも会わないからと、歯を磨かない人はいませんね。

ちょっと体調がすぐれない時も、お化粧をしただけで少し気持ちが明るくなりませんか。きれいでいることは心を元気にしてくれます。

おしゃれは心のはりです。心にはりがあれば、病ごときにつけ入る隙を与えません。

手入れの行き届いた髪は、ゆとりを感じさせます。朝起きて顔を洗ったら、まず髪をきれいに整えましょう。

髪が整っていれば、それだけで上品度がアップします。

2

上手なお化粧とは
技巧のあとを感じさせないこと。

「お化粧が上手な人」ではなく、「きれいな人」に見えるように、メイクアップはあくまでもナチュラルに。

ナチュラルメイクとは、自然そのままに手をかけないことではありません。「花は野にあるように」と千利休が教えています。「野にあるままに」ではありません。自然そのままとは無造作、言い換えれば手抜きということ。おしゃれとはほど遠いことです。

きれいでいることは、自分にとってはもちろん、マナーとしても大切なことです。でもそのために手間ひまをかけていては、もっと大切なことに使うべき時間とエネルギーを、いたずらに浪費するばかり。

「天衣無縫」、天女のまとう美しい衣には縫い目がないとか。手を加えながら野にあるように自然に見せ、天女の衣のように技巧のあとを感じさせないために。これまで培ってきた知識と経験、磨いてきた美意識を大いに役立てましょう。

3

髪を整え
きれいにお化粧したら、
鏡に向かって
微笑みかけてみましょう。

悩みごとや心配ごとがあると、お肌はくすみ、表情も晴れません。そんな時はいつもより丁寧にお化粧してみましょう。きれいになるようにと心をこめて。髪を整え、きれいにお化粧したら、空《から》元気でもかまいません、背すじをまっすぐに伸ばして、鏡の中の自分にやさしく微笑みかけ、あなたがだれかに言ってほしい言葉、褒められて元気になる言葉を、声に出して言ってみましょう。「とってもきれいよ」、「幸せそうね」。

脳の働きは不思議です。耳から入る言葉は、それが自分で言っていることでも、脳を刺激し、潜在意識に働きかけてくれるそうです。言霊《ことだま》の力、そうお考えください。

辛《つら》い時には力強い励ましの言葉、悲しい時はやさしい慰めの言葉。鏡に向かって晴れやかな笑顔で語りかけることを、朝の習慣になさってください。言霊の力、言葉の魔法があなたを勇気づけ、あなたの表情をもっともっときれいにしてくれます。

4

きれいな所作を
習慣にして
しまいましょう。

背すじを伸ばしたきれいな姿勢は、それだけで顔の表情を明るく、背も高く、さらには立ち居振る舞いを美しく見せてくれます。疲れている時、ものごとがうまくいかない時は、だれしも背中が丸まりがちですが、そんな時ほど意識して背すじを伸ばしてみましょう。

姿勢と言われて、肩に力が入っていませんか。肩の力は抜いて、上体はリラックスしたまま、臍下丹田《せいかたんでん》に軽く力を入れます。背すじがまっすぐ伸びて、気持ちがいいですね。一日に何回でも、気がついたら臍下丹田を意識しましょう。

お辞儀をする時以外は、上体は天に向かってまっすぐのまま、です。

椅子に座る時、椅子の前に立ったら、背すじを伸ばしたまま軽く腰をおろし、それから後ろにずらします。落としたものを拾う時も、まずものの脇に立ち、上体をまっすぐ保ったまま、腰を落として片手で取ります。

面倒に思えても、心がけていると習慣になります。

5

口角が上がれば、
それだけで
幸せ顔になります。

鏡に向かったまま、目元の筋肉をリラックスさせて、口元はゆったりと微笑んでみましょう。口角がしっかり上がっていますか。

年齢とともに、万有引力の法則にしたがって、頬の筋肉がたるみ、結果として口角が下がり、ほうれい線が目立つようになります。口角を上げ、ほうれい線を目立たなくするには、頬の筋肉を鍛えるエクササイズが効果的です。

お風呂に浸かる時間を利用して、「い」と言いながら、口をしっかり横に広げます。そのままの形で、口角だけ上げ、十秒間ほど止めます。ゆるめたらもう一度、を五回繰り返しましょう。

もうひとつ、頬の力を抜いた状態から、片側の口角を引き上げ、目尻を下げて、口角と目尻をできるだけ近づけます。そのまま十秒間止めます。反対側も、それぞれ五回ずつしましょう。

口角が上がれば、それだけで幸せ顔になります。幸せ顔で、さらなる運気を呼び込んでください。

6

いつも、喜びにあふれた、
満ち足りた笑顔で
いたいものです。

オードリー・ヘップバーンが亡くなってから三十年近くが過ぎようとしています。ユニセフの親善大使に就任してからがんで亡くなるまでの四年間、恵まれない子どもたちのために、貧しい国々を駆け巡っていらした頃の写真は、どれも痩せて、しわだらけで、でも幸せにあふれた笑顔でした。満ち足りた笑顔の、気高く、美しかったこと。自分の人生の残された時間を、貧しい子どもたちの幸せのために使えることの喜びが、オードリーをさらに美しくしていたのでしょう。

女優としての名声は、人生のすべてを豊かなものにはしてくれなかったかもしれません。でも、女優として名声を得、そのことを人生の最後に、恵まれない子どもたちのために生かせたということが、どんなに大きな喜びであったか。笑顔がそれを物語っていました。

いつも、喜びにあふれた、しわも気にしない、気にならない、満ち足りた笑顔でいたいものです。

7

きれいな笑顔で
いたいと思ったら、
まず一番にできることは
いやなことを考えないこと。

ものごとには、光と影の両側面があります。光が当たれば、反対側には必ず影がある。いいことだけの人生もないし、悪いことだけもない。人も同じ、長所も欠点も、どちらもあるのが人間です。

そのことをわかった上で、あえて光の当たるほうに目と心を向けていましょう。

時には影ばかりが自分に向いて、光がまったく見えないこともあります。それでも反対側に回って確かめれば、光は必ず当たっているはずです。

心が打ちのめされそうな時、私は「神様に期待されているからこそ、こうして何かを学ぶように試練を与えられている」と考えて、自分を勇気づけます。そう考えることで、「神様ったら、こんな面倒なことをなさらなくても、ひと言おっしゃってくだされば、それでも学んだのに」と笑うこともできます。

楽しい時に笑うのは、だれでもできること。悲しい時にこそ、悲しんでいる自分を「かわいそうに」と笑える人でありたいものですね。

8

マナーとは、

「自分も楽しく、人も楽しく」

あること、することと。

マナーを別の言葉に言い換えると「人への思いやり」でしょうか。

たとえばテーブルマナーは、お食事に同席する人への「ご一緒に楽しいひと時を過ごしましょう」という思いを形にしたもの。マナーを単に「形」として理解していると、形へのこだわりから人の心が二の次になって、周りの人の居心地を悪くしてしまうという、本末転倒なケースも生じます。

マナーは特定の人に対して、あるいは特定の場だけのためのものではありません。形だけのものではないからこそ、家族や友人のように親しい人はもちろん、すれ違うだけの人にいたるまで、日常生活の中で人と接する際の態度や言葉に自然に表れてしまいます。

マナーとは「自分も楽しく、人も楽しく」あること、すること、とも言えます。

「あの人がいるだけで雰囲気がなごむ」と言われるような人でありたいですね。

9

上品とは
当たり前のことが
自然にできること。

たとえば、席を立ったら、椅子を戻す。当たり前のことですのに、忘れる人が多いようです。靴を揃える手間を省くためでしょうか、後ろを向いて家に上がるのも、日頃から習慣になっていると、よそでも癖が出てしまうもの。正面を向いて靴を脱ぎ、上がってから腰を落として靴の向きを変えましょう。

懐紙をいつもバッグに入れておくと、重宝します。メモ用紙代わり、ティッシュペーパー代わり、ハンカチ代わり、ぽち袋代わり、受け皿代わり、ナプキン代わりと、何役もこなしてくれます。

よそのお宅を訪問する際や、日本料理のお店、お寺参りなど、靴を脱ぐことが予測される時は、清潔なソックスをバッグにしのばせておきましょう。たしなみのひとつです。ご自分の家でも、外からいらしたお客様の汗をかいたような足でスリッパを履かれるのは、抵抗がありませんか。他家に裸足で伺うなどは論外です。念のため。

IO

調和のとれた色は、
持って生まれたものを
より美しく
引き立ててくれます。

色を上手に使いこなすことで、自分を客観的に理解し、自分の印象を上手にコントロールできます。色を味方につければ、人生は大きく変わります。

どういうことでしょう。

色は常に隣にある色に影響されて、少しずつ見えかたが違っています。グレーの隣に黒を置いた時と白を置いた時とでは、同じグレーが違って見えることは、想像しただけでもおわかりですね。

自然界の命あるものはみんな、花でも動物でも、ひとつの個体の中では色調の調和がとれています。

春を代表する花、桜を思い浮かべてみましょう。桜の花弁はどれも、白、淡いピンク、もう少し濃いピンクなど明るい色で、質感も透けるような薄さ、やわらかさです。花にわずかに遅れて芽吹く若葉は、明るい萌黄色《もえぎいろ》、これも陽の光に透けるような薄さで、繊細な質感です。

木偏に春と書いて椿、春を代表する花といえば、椿もあります。椿の花弁は肉厚のつやつやとした質感、色は白、赤、ピンクと、どれもはっきりした色です。葉は、深い緑、花同様つやつやした肉厚の葉で、花と調和がとれています。

どんなに美しい花でも、たとえば桜の花に椿の葉を添え、あるいは椿の花に桜の葉を添えたのでは、安っぽい作りものの花のように見えてしまい、せっかくの美しさが生かされません。

人も、目の色、髪の色、肌の色など、自然に調和がとれているはずですが、人は何かしら服を着ます。その服の色で、桜の花に椿の葉を組み合わせるようなことも、平気でしているかもしれません。

似合う色、パーソナルカラーとは、持って生まれた色調と調和のとれた色のこと。調和がとれた色は、持って生まれたものを、より美しく引き立ててくれます。

色の名前を知る

日常生活では疎遠になってしまった美しい色の名前。大和言葉にはピンク系の色だけでも、撫子色《なでしこいろ》、鴇色《ときいろ》、東雲色《しののめいろ》、美しい響きの色名がたくさんあります。「一斤染《いっこんぞめ》」は淡い淡い桜色。平安時代、紅花は「紅一斤金《きん》一斤」と言われたほど高価で、濃い紅染は禁色《きんじき》でしたが、紅花一斤（六百グラム）で絹一疋（二反）を染めた一斤染は庶民にも許されておりました。王朝の頃の警察官、検非違使《けびいし》の制服がこの色であったとか。淡い桜色の制服を着た警察官、微笑ましいですね。

色の名前を知ることで、古《いにしえ》の日本人が色に対して持っていた美意識がよみがえってきます。

II

あなたに似合う色
パーソナルカラーを見つけて、
色を味方につけましょう。

自然界のあらゆる色は、黄みを含むグループと青みを含むグループの二つに分けることができます。二つのグループをそれぞれイエローベース、ブルーベースと呼んでいます。

この二つを色の性質からさらに二つに分類、合計四つのカラーグループを、自然界になぞらえて、春・夏・秋・冬と名づけています。

四つの中のどれかひとつが、ご自分のパーソナルカラー、似合う色のグループです。

イエローベースは春と秋。ブルーベースは夏と冬。それぞれの季節に、陽の光が映える色をご想像いただくと、おのずとイメージが湧きますね。

春のグループは、アイボリー、イエロー、ピーチピンク、イエローグリーンなど、春の野山のように元気いっぱい、フレッシュで明るく、澄んだ色。

春タイプの人は明るい印象です。きらきらとまぶしい、ぱあっと花が咲いたような華やかさ、幸せそうな雰囲気があります。ルノワールの絵に登場する女性をご想像ください。色が白く、頬の血色のよいかたが多いようです。

石原さとみ、上戸彩、井川遥、松田聖子、松坂慶子（敬称略・以下同）がこのタイプです。

夏のグループは、パウダーブルー、ベビーピンク、ラベンダーなど、水彩画やパステル画のにじんだような色合い、強い陽射しに反射して青白く霞んで見えるような、やわらかい色。

夏タイプの人はやさしい印象です。涼しげ、フェミニン、女らしく、穏やかで上品な雰囲気があります。マリー・ローランサンの描く女性をご想像ください。はかなげで、透き通るようなやわらかいイメージです。

蒼井優、広末涼子、水原希子、中谷美紀、吉永小百合がこのタイプです。

秋のグループは、ブラウン、オリーブ、テラコッタ、マスタードなど、こっくりとした深い色が重なり合う秋の野山のように、しっとりと落ち着いた、奥行きとニュアンスのある色。

秋タイプの人はエキゾチックでおとなっぽい印象。ナチュラルな雰囲気もお持ちです。モディリアーニの絵のように、ミステリアスなイメージもあります。本田翼、吉高由里子、高畑充希、米倉涼子、鈴木保奈美がこのタイプです。

冬のグループは、黒、白、赤、紺など、はっきりとした、混じりけのないクールな色。

冬タイプの人は個性的、都会的でシャープな印象。目力があります。絵で言えば、ビュッフェでしょうか。めりはり、インパクトのあるお顔立ちです。菜々緒、新垣結衣、常盤貴子、内田有紀、松たか子がこのタイプです。

「似ている」と言われたことがあれば、同じタイプかもしれません。

似合う色は人を元気に、きれいに見せてくれるだけではありません。似合う色に囲まれていると、気持ちも華やぎます。

ひとたび体験なさると、なるほどとご納得いただけるはずです。

12

春と冬は
濁りのないクリアな色、
夏と秋は
少しトーンダウンした
ニュアンスのある色。

一般的に、髪が黒く、一本一本が太く、量も多い人はブルーベース。真っ黒ではなく、量も少なめ、細くさらさらの髪はイエローベース。梅雨時、湿気で髪が広がってしまうとお悩みであれば、ブルーベース、雨の日は、髪のボリュームがなくなってしまう人は、イエローベースであることが多いので、ヒントになさってください。ただし、さらさらの茶色い髪、肌色が白く、瞳の色素も薄い人は、夏の場合が多いようです。

眉やまつ毛がびっしり濃い人はブルーベース。細く、薄い人はイエローベース。黒目がくっきりと大きく、はっきりとした眼差しの人は冬、重たげなまつ毛に囲まれてやさしい印象の眼は夏、瞳が神秘的な色なら秋、きらきらしたガラス玉のような瞳なら春。

くすんだ色は似合うけれど、原色のようなストレートな色は苦手と感じている人は夏か秋、逆に、はっきりした、くすみのない色が似合う人は、春か冬の可能性があります。

13

目の錯覚でプロポーションを
きれいに見せる
A∨B∨Cの法則。

プロポーションを少しでもきれいに見せたければ、目の錯覚を利用しましょう。アクセント、ポイントになるものを高い位置に置くと、背が高く、すっきりと見えますが、同じものを低い位置に置くと、重心が下がり、太って見えてしまいます。仮に、頭から胸までをA、胸から腰までをB、腰から足元までをCとしますと、A＞B＞Cの法則が成り立ちます。

Aにイヤリング、ブローチ、ネックレス、スカーフなどのポイントを持ってくることで、すっきりとした印象になります。Bの部分でアクセントになるものには、目立つベルト、指輪、ネイルカラー、ブレスレットなどがあります。この部分はAよりも強くしないこと。Cの部分、腰から下には、凝った裾デザインのスカート、デザインストッキング、目立つ色のタイツ、目立つ色やデザインの靴、手に提げる大きめのバッグ、などが考えられます。この部分は、アクセントになるようなものを避けて、できるだけシンプルに、目立たせないこと。目の錯覚をあなたの味方にしてしまいましょう。

14

流行を追うよりも
あなたに似合うもの、
あなたをきれいに
見せてくれるものを知り、
選ぶ目を養いましょう。

着るもの、身につけるものは、自己表現の手段でもあります。

あなたが何に価値を見いだし、どんな生きかたを目指しているか。どれだけ自分自身を知り、内面に裏づけられた自信を持っているか。着るものは、意図せずとも、勝手に物語ってしまいます。

だからこそ、流行に流され、人と同じものを選ぶのではなく、「これが私」と言える服、自分をきれいに見せてくれる服を選びたいものですね。

服がどんなに素敵でも、あなたがきれいに見えていなければ、むなしいこと。主役は服ではなく、あなたなのですから。

あなたが好きな服、きれいに見える服、服ではなく、着ているあなたが褒められる服を大切にお召しになることこそが、本当のおしゃれと言えるのではないでしょうか。

おしゃれを楽しむことは、自分自身を楽しむこと、自分自身をより好きになること。そう考えると、着たい服、したいおしゃれが見えてくるはずです。

15

花と、面白きと、珍しきと、これ三つは同じ心なり。

——世阿弥『風姿花伝』

花は散るからこそ、美しい。
意外性と変化が、人の心を惹きつけます。

第2章

心を磨く

16

いつも喜んでいなさい。
絶えず祈りなさい。
どんなことにも感謝しなさい。

新約聖書『テサロニケの信徒への手紙』にある言葉です。

つまらないことで不満を言いたい時、心がくすぶりかけた時には、声に出して言ってみます。

美しい言葉は、宗教や信仰を超えて、そのまま心に響きます。読み返すたびに心いっぱいに広がって、深く、深く、染みわたっていきます。

日々の暮らしの中には、小さな喜びがいくらでも隠れている。そのことに気づくと、感謝せずにはいられません。

いつも喜び、祈り、感謝する人でありたいですね。

17

あなたのライバルとあなたは
どんぐりの背比べ、
似たり寄ったり、
似たもの同士なのかもしれません。

自分と比較して、羨《うらや》んだり、妬《ねた》んだり、時には優越感を感じたり、意識せずにはいられない人がいますか。

自分より認められていたり、仕事で成功したり、素敵な彼がいたりすると、どうにも面白くない。

その人はあなたと同性、もしかすると同世代、さらに言えば、趣味や家庭環境、家族構成、どこかしらあなたと共通点があるはずです。

つまり、広い視野に立ってみると、あなたのライバルとあなたはどんぐりの背比べ、似たり寄ったりの似たもの同士なのではないでしょうか。

自分と似たり寄ったりの人と比べて、勝った負けたと一喜一憂するなんて、愚かなことですね。あなたにはその人とは違うあなたの人生があり、その人とは違う、あなたの目指すものがあるのですから。

18

自ら勝つ者は強し。
足ることを知る者は富めり。

道教の開祖とされる老子の言葉です。

がむしゃらに前に進んでいた若い日々には、ものも、ことも、「あれもこれも」「もっともっと」と欲張っていたかもしれません。

ほんとうに必要なものも、ほんとうに大切なことも、ほんのひと握りしかありません。

たくさんのものやことに囲まれて、これも大切、あれも必要とためこんでいては、ほんとうに大切なことや必要なものが見えなくなってしまいます。

人生から学び、価値判断の基準を自分の内に持つと、執着にとらわれることも少なくなります。

欲望を追い続けても、満たされることはありません。欲に流されることなく、自らの分をわきまえ、足ることを知る人こそ豊かである、と二千五百年前の賢人は教えてくれます。

19

心地よい目覚めで始まる
元気な一日に「ありがとう」。

思えばかれこれ二十数年来、目覚めてまず感謝する、感謝できる朝を迎えてまいりました。ありがたいことです。

四半世紀の昔のこと。先の見えない病を得て、病院通いをしておりました。ある日、大学病院で、ひたすら診察を待つ長い長い時間に、隣に座られたご年配のご婦人おふたりの会話を、聞くともなく聞いておりました。

膝の痛みで通院中の初対面同士の、何げない、待合室での会話でした。それぞれの病状、家庭のこと、日々の暮らしのことなど語り合う内に、おひとりが「朝目が覚めると、ああ、まだ生きていたんだ、とがっかりするんですよ」とおっしゃったのです。

言葉が鋭く心に刺さりました。

するともうおひとりも「あなたもですか。私もなんです」とため息をつかれたのです。

おふたりともきちんとした身なりで、会話の内容からも生活にご不自由があるようには見えません。

その頃の私は病のせいでいつもの元気を失い、かなりのパワー不足で、一日が終わるとぐったりと疲れて、寝床に倒れこんでおりました。

それでも朝、眠りから覚めると、やがて東の窓から陽の光が射しこみ、また一日頑張れるだけの勇気と元気が生まれます。眠り、そして目覚めれば、光にあふれた新しい一日が始まるのです。

「死」とは朝がこないこと。朝がきても眠りから覚めないこと。

やがていつの日か目覚めない朝がやってきます。明日かもしれないし、何十年も後かもしれない。その朝がくるまで、一日一日の命に感謝することを忘れずにいたい。ふと耳にしたご年配のおふたりの会話から、そう思ったのです。

光あふれる朝が訪れ、日々生かされている幸せに感謝できるのは、ありがたいことですね。

花の名前を知る

花の名前を知っていると、花がいっそういとおしく思われ、通勤や買い物の道すがら、道端に目をやることも楽しみになります。

ひとつを知ることと知らないこととは、そのひとつだけの違いではありません。花の名前を知ると、そこからさらに美しい語彙《ごい》が広がります。知ることで幅が広がるだけではなく、奥行きもまた深まっていきます。

椿は落ちる、桜は散る、牡丹はくずれる、百合はしおれる。花の最期をかくも美しい言葉で見守ってきた日本人の、花を、そして命を慈しむ心を、言葉を通して自分の中に確かめることにもなります。

木の名前もまたしかり。木をたたずまいで見分け、鳥をさえずりで聞き分けられたら、人生はどんなに豊かになるでしょう。

花の名前、木の名前、色の名前。教養とはこんなところから始まるのではないでしょうか。

20

数えることなく与え、
傷を恐れることなく闘い、
報いを期待することなく奉仕する。

遠い昔通っていたカトリックの学校で、毎朝唱えていたお祈りの一節です。

不肖私、生後間もなく洗礼を受けており、長じては「転び切支丹《きりしたん》」を自称しておりますが、さらに長ずるにつれ、初めてこのお祈りの意味するところを理解し、自らの信条を見いだしました。

以下は覚えている限り、全文です。

主よ、今日も一日この学院生活において、すべての良いことを知り、すべての美しいものに心を向かわせ、数えることなく与え、傷を恐れることなく闘い、報いを期待することなく奉仕する、広い心と不屈の力を養い、自分の周りに喜びと光を撒くことのできる女性となれるようお導きください。

今日も一日、不屈の精神で、美しいものに心を向けて、いいことだけをしていたいものです。

21

自ら反《かえ》りみて縮《なお》くんば、
千万人と雖《いえど》も吾往《ゆ》かん

目の前に新しい試練が両手を広げて立っていても、立ちはだかっていると思わないこと。両手を広げているんですもの、あたたかく迎えてくれているのかもしれません。

前に進みたいのに、立ちふさがる壁の前で一歩を踏み出せずにいるのなら、抜け道を探し、抜け道がなければ、よじのぼってでも壁を越えましょう。

自ら反りみて縮くんば、千万人と雖も吾往かん。
自らを省みて正しければ、たとえ敵が一千万人いようと、己の信じる道を進んでいこう。
『孟子』の一節です。

言葉に支えられ、励まされて、今日も一日、できる精一杯をします。

勇気と元気を生み出す言葉を持っていると、生きる道に迷いがなくなります。

22

ため息をつくような人生とは
きっぱり決別しましょう。

いちいちくじけていても、ものごとはよくなってはくれません。疲れている時、体調の悪い時、悩みごとがある時ほど、意識して背すじを伸ばしてくださ い。思い切り胸を開いて、きれいな空気を胸いっぱいに吸うと、心が少し軽くなります。いやなことなんか飛んでいってしまいそうです。

背すじが天に向かえば、心もまっすぐ天に向かい、心がしゃんとすれば、姿勢もしゃんとします。

目元にも口元にも笑みを浮かべて、「人生、こういう時もあるんだわ」と笑って過ごしてください。鏡をのぞいて、声に出して「大丈夫」と、自分で自分を励ましましょう。

23

見えずとも、
雲の上で
太陽は今も輝いています。

乾いた砂が指の間からさらさらとこぼれ落ちていくように、包み込もうとする指の隙間を抜けて、時が音もなく落ちていきます。空になった手のひらを見つめても、時は戻ってはくれません。

今がある幸せを、今、感謝していましょう。

俗世間の取るに足らぬ、でも避けては通れぬ道で、しばし前に進めずにいることもあります。しかし、祈れば必ず救いあり。

空を覆う雲も瑞雲、祥雲の厚い重なりに違いありません。見えずとも、雲の上で、太陽は今も輝いています。

ちっぽけな自分の祈りに応え、雲間から道を照らしてくれる光に感謝。

自分もまた雲間から地を照らす光のようでありたい、そう思います。

24

過去と他人は変えられない。
自分と未来は変えられる。

遠い昔に学んだ言葉です。

過去は変えられない。わかりきったことですね。

「あんなことをしなければよかった」と嘆くのは後悔、後悔する心は過去に向かっています。「こんな悲しい思いをしないように、これからはこうしよう」と反省する心は、未来に向かっています。

すべてが終わる時、反省は意味がなくなり、後悔のみが残ります。後悔を残したくなければ、今できる内にせっせと反省して、前に進みましょう。

あなたの大切な時間や貴重なエネルギーを、変えられない過去を変えたいと願って費やすのではなく、もっと有意義なことのために使いましょう。

過去と同じように、他人も変えられないもの。「あの人がもう少しものわかりのいい人だったら」などと考えるのは、むなしいことです。

自分を変えることは、たやすくはありませんが、他人を変えることとは違って、あなたの決意次第。自分が変われば、未来はいくらでも変わります。

季節の移ろい

枯れ木に花の咲くことよりも、まず生木に花の咲く不思議を問うべし。江戸時代の哲学者・三浦梅園の教えです。

咲く花。光。空の色。風。小鳥のさえずり。虫の声。木々のざわめき。雨の匂い。季節が移ろうにつれ、見えるものも、聞こえるものも、肌に感じるものも変わります。

冬の間張りつめていた空気がかすかに湿り気を帯び、ふっとほどけるように感じるのは立春の頃。陽の光にもきらきらときらめきが加わります。

夏の白くまぶしかった光も、立秋を過ぎる頃から少しずつ黄みを帯びて、肌触りまでやわらかくなるようです。

季節の移ろいに心を留め、目で見、耳で聞き、肌で感じたことを、何かしら形にしてみましょう。暮らしの中に「季節らしさ」を取り入れることで、日々の暮らしがさらに楽しくなるかもしれません。

第3章

言葉を磨く

25

言葉は人の心と心を結ぶ糸です。

人間関係は言葉から生まれ、言葉で育まれ、満たされ、時には言葉で傷つき、壊されもします。

人との関わりがうまくいかない時は、自分の言葉を振り返ってみましょう。ほんの小さなひと言がどんなに人の心をやわらげ、そしてさらにあたたかい言葉となって、再び自分に返ってくるものか。あるいは不用意に口にした小さなひと言が、どんなに人の心を傷つけるものか。

言葉は心を伝えるための手段、人の心と心を結ぶ糸です。

自分を理解してほしければ、あたたかく、やさしい言葉だけを選んでください。あたたかく、やさしい言葉を選び、使うことで、あなたの心もよりあたたかく、やさしくなっていきます。

日頃、口にしている言葉から振り返ってみましょう。

26

気の毒な人はいても
不愉快な人など存在しません。
「お気の毒に」と心の中で
つぶやいてみてください。

外で大声を出して威張り散らす男性は、家では奥様に頭が上がらないのだろうし、意地悪な上司は実は孤独で、毎日ひとりで食事するさびしい生活を送っているのかもしれません。

想像は自由ですから、自分がやさしい心を持ちやすいように、やさしい言葉が生まれやすいように想像してみましょう。気の毒な人はいても、不愉快な人など存在しません。「お気の毒に」と心の中でつぶやいてみてください。それだけで、人に対して愛情が湧いてきませんか。

あなたがやさしい言葉で人と接していれば、威張り散らす人も意地悪な人も、あなたが苦手と思う相手も、自分でも意識せずに言葉を少しやわらげて、やさしい言葉をあなたに返してくれるかもしれません。

人をあたたかい目と心とで観察し、想像することは、感受性、想像力、そして言葉を磨いていくためのストレッチ体操のようなもの。毎日少しずつ続けてください。きっとうれしい効果が生まれます。

27

上品な言葉とは
きれいな敬語や
豊富な語彙よりも、
人を幸せにする言葉。

人はみんな、幸せになるために生きています。
「幸せ」の定義は人それぞれですが、幸せであるために、だれにとっても欠かせない大切な条件は「人」、人間関係ではないでしょうか。そのかけがえのない人間関係を作り、心と心の糸を結んでくれるのも、言葉です。

そんなにも大切な言葉ですのに、私たちは日頃、「同じ日本語を話しているのだから、当然わかるはず」とばかりに、不用意に使ってしまってはいないでしょうか。人は、互いの何げない小さなひと言で、時には傷つき、あるいは励まされもします。

きれいな敬語を使いこなし、豊富な語彙を持つことは、もちろん、すばらしいことです。でも、上品な言葉とは、きれいな敬語や豊富な語彙よりも、むしろ人を思いやる言葉、人の心を励まし、満たすことのできる言葉、人を幸せにする言葉のことではないでしょうか。

28

過ちから人に
迷惑をかけた時、
どう謝るかに
その人の品格が見えます。

不本意なトラブルが起きると、人はだれかのせいにしたいものです。自分は悪くない、あの人があんなことをするから、と。

反省は向上を生みますが、自分を欺《あざむ》き、人のせいや環境のせいにしていては、進歩はありません。それぞれの反省はそれぞれにしかできないこと。だからこそ、人の過ちはおおらかな心で許し、自分の過ちは、繰り返さないように改めたいものですね。

大切な器を壊した人に「不注意だから」と責めても、器は返ってきません。壊した人を責める言葉の奥に、「気をつけてと注意しておけばよかった」「あんなところに置かなければよかった」と思う心が潜んでいるのを認めたくなくて、一方的に相手を責めてはいませんか。

「大切なものだって言っていなかったわね。ごめんなさい」「こんなところに置いてあったから気づかなかったでしょう。悪かったわ」。自分にも非があることを認めて素直に謝れば、相手は相手で自分の非を認めやすいものです。

29

ものごとが
うまくいかない時ほど、
やさしい言葉だけを
口にしてください。

あなたを取り巻く雰囲気はあなたが作るものです。

あなたを取り巻く雰囲気、環境を居心地いいものにしたいと思ったら、ものごとがうまくいかない時ほど、やさしい言葉だけを口にしてください。

人にやさしさを求めるなら、まず自分からやさしい言葉を口にしましょう。

言葉を選ぶことで、心にわずかでもゆとりが生まれます。

否定的な言葉の連鎖で生じてしまう重苦しい空気も、あなたが口にする言葉で流れが変わるかもしれません。

30

愚かな自分を笑う心のゆとり。
これこそが知性というものです。

人生はいつでも楽しいことばかりではありません。毎日の生活には楽しい時もあれば、悲しい時、辛い時もあります。

だからこそ、自分の心を上手にコントロールして、いやなこと、悲しいことがある時は、苦しんでいる自分を一歩外から眺めてみましょう。そうすることで生まれる「心のゆとり」が、言葉をきれいにしてくれます。

「おかしいことや楽しいことを笑うことはだれにでもできる。ユーモアのセンスとは自分が不幸な時に、一歩外に立って、嘆いている自分を笑えることである」、そんな言葉を読んだことがあります。

人の愚かさを笑うことに、知性は必要ありません。愚かな自分を笑う心のゆとり。これこそが知性というものではないでしょうか。

31

とりあえずにっこり
微笑んでみましょう。

　悲しい時、辛い時に心のゆとりなんてとても無理、とお考えですか。そんな時は、とりあえずにっこり微笑んでみましょう。微笑んだだけでも、気持ちが少し穏やかになり、心にゆとりが生まれます。

「無理をするのはよくない」という説もあるようですが、いやな時はいや、疲れた時は疲れた、では幼い子どもと同じです。自分自身をコントロールできるのが大人ではありませんか。

　疲れが重なればお肌もくすみ、顔を洗う時の手触りまで違います。荒れてくすんだ肌をそのまま、洗いっぱなしにしておきますか。保湿、栄養とあれこれお手入れするのではありませんか。

　少しでもきれいでありたいのが女心ですもの。心も、そして言葉も、お手入れを怠らず、みずみずしく輝いていたいものですね。

32

きれいな人で
ありたければ、
きれいな表情で言える
きれいな言葉しか
口にしないこと。

「あの人って最低」ではなく「私とは考えかたが違うのかもしれない」、「私は悪くない」ではなく「私がこうしていればよかった。この次は気をつけよう」のように。きれいな人でありたければ、きれいな表情で言えるきれいな言葉しか口にしないこと。

心がけてはいるつもりでも、つい人のことを悪く言ってしまう時もありますね。そんな時は必ずプラスの言葉、きれいな表情で口にできる言葉で締めくくるようにしましょう。その人のいいところを、素直な心で認めればいいのです。「こういうところはとても真似できない」「こんなことをしてくれたこともあった」というように。

プラスの言葉を探すことで、人のいいところを見つけることが上手にもなります。

33

辛い心、悲しい心をそのまま
言葉にするのではなく
ひと呼吸おいて、
言葉にうっすら
紅をさしましょう。

辛い時、苦しい時、悲しい時、傷ついた時。子どもなら機嫌のいい時は笑ってはしゃぎ、いやなことがあれば泣きわめき、だだをこねることもします。大人はそうはいきません。

まずは鏡の前で、への字になった口角を上げて、鏡に映る自分に向かって微笑んでみましょう。こわばっていた表情がほぐれると、それだけでも沈んでいた心が少しだけ軽くなります。

そして美しい言葉。不平不満や愚痴、マイナスの言葉を発しそうになっても、きれいな表情で口にできる言葉だけを選んでください。辛い心、悲しい心をそのまま言葉にするのではなく、ひと呼吸おいて、言葉にうっすら紅をさしましょう。

悲しみも苦しみも、そうやって呼吸を整え、自分自身を振り返ることで、ほんの少しでもやわらぐものです。

ため息や涙すらも美しい、そんな女性でありたいと思いませんか。

34

花の名前、木の名前を知ること、
命を慈しみ
自然をいとおしむことで、
日々の暮らしはずっといきいき、
豊かになります。

「神は細部に宿る」。
明るく、楽しく、
美しいものやこと、
人が思いつかないような
創意工夫のある
ものやことに心惹かれます。

「書道」ではなく
「筆で書く楽しみ」。
墨をおろし、筆を手に取って
お手本と向き合うひと時。
疲れていた心が
ほぐれていくようです。

最初に上梓したのは
「手紙」の本でした。
いつの間にか集まった
結び文の香合は
季節や折節の行事に合わせて
飾ります。

35

言の葉を重ね、
あふれる思いを
美しい言の花に咲かせましょう。

36

あなたの口元から生まれる
やさしい言葉は、あなたを
花の女神や物語の王妃のような
気品ある美しさに
輝かせてくれるはずです。

悪口や不平不満、愚痴ばかりではありません。「うざい」「むかつく」など、人を否定するような不快な言葉、「でかい」「やつ」「めし」など繊細さに欠ける粗雑な言葉、軽率で知性を感じさせない流行り言葉、怪しげな敬語もどき、品性卑しき似非《えせ》敬語、安直な略語や英語もどきのカタカナ語。この際、あなたの語彙から一掃してしまいましょう。

ルネッサンスの巨匠、ボッティチェリの代表作「春（ラ・プリマヴェーラ）」に描かれた美しいニンフは、西風の神ゼフィロスに抱かれ、花の女神フローラに変身するところ。口元からは春の花がこぼれ散っています。

『千夜一夜物語』のある美しい王妃は、話すたびに言葉が真珠の粒となって口元からこぼれ落ちたそうです。

口元から甘い香りとともに花びらが舞い落ちるような。真珠の粒がほろほろとこぼれ落ちるような。あなたの口元から生まれるやさしい言葉は、あなたを花の女神や物語の王妃のような気品ある美しさに輝かせてくれるはずです。

37

美しい時間の過ごしかた、
美しい言葉が
あなたをもっと
美しくしてくれます。

「おはようございます」のご挨拶がきちんと言える。人が自分のために何かしてくれた時に心から「ありがとう」が言える。人に迷惑をかけてしまった時に素直に「ごめんなさい」が言える。当たり前のようですが、どれも家族や親しい人に対しては、ついいい加減になりがちな言葉です。

まずは日常の感謝、人に対する心を振り返ってみてください。単純なことほど、案外むずかしいものです。

言葉がやさしくなると、心もやさしくなります。周囲を見る目がこまやかになり、人の心を感じることにも繊細になります。

雑な言葉を使っていれば、おおざっぱで雑な生きかたになります。やさしい言葉を口にしていると、おのずから時間の過ごしかたまで変わってきます。

美しい時間の過ごしかた、美しい言葉があなたをもっと美しくしてくれます。

38

いつもだれかに、何かに、
心ときめいていてください。

恋をすると心が華やぎ、人は雄弁になります。「恋」は、色恋とは限りません。だれかに、あるいは何かに胸がときめくこと、何かを「いとをかし」と感じる心。

清少納言のように、小さなことにも人生の「いとをかし」を見つけることのできる、たおやかな感受性を持っていたいものですね。

清少納言の才能が花開き、実を結んで、『枕草子』を残すことができたのも、中宮定子との心の触れ合いがあったからこそです。

感動する心があり、それを伝えたい相手があれば、言葉はいきいきと生まれてきます。いつもだれかに、何かに、心ときめいていてください。

39

あなたの日々の暮らしには、
あなたが
たおやかな心でさえいれば、
いくらでも「いとをかし」が
存在しています。

みずみずしい心は、輝きとなって顔にも表れます。

いきいきと輝く人でありたければ、みずみずしい感受性を育てること。

あなたが気づきさえすれば、日々の暮らしは「いとをかし」に満ちあふれています。

「いとをかし」を見つけたら、きちんと心を留めて、心に響く「どきどき」や「わくわく」や「じーん」を丁寧に味わってみましょう。

心が受け止めたことを言葉にすることで、感性はさらにこまやかに、みずみずしく磨かれます。

あなたの頭の中や心の中は、お肌よりももっと潤いを求めているのかもしれません。

40

書くことは自分自身を
探し当てることです。
自分にとってどうしても譲れない
大切なことを、きちんと
書き出してみましょう。

情報ばかりが氾濫している世の中です。皆が右に行けば右、左に向かえば左、と世相に流され、振り回されているなど、むなしいことですね。

あなたにとって何が大切かは、あなたにしかわかりません。一度だけの人生です。皆が目指しているであろう生きかた、理想と思われている価値に惑わされてはいられません。

肩の力を抜いて、自分の心に素直になってみましょう。見栄やプライドや競争心のために、自分の心を見失ってしまうこともあります。

「書く」ことは、自分自身を探し当てる手助けにもなります。

心が進む道を見失った時は、あなたの人生の中で価値のあること、目指したいこと、どうしても譲れない大切なことを、思いつく限り書き出してみましょう。書き出したら、優先順位をつけて、上位に選んだことのためにこそ、努力してください。あなたの生きかた、時間の過ごしかたを決めるのはあなたなのですから。

書は人なり

「書は人なり」などと申します。書には書いた人の人となりがおのずと表れます。中国唐代の書家・柳公権は書の上達法を問われ、「用筆は心にあり、心正しければ則ち筆正し」と答えたそうです。思わず背すじが伸びますね。

「身言書判《しんげんしょはん》」などという言葉もございます。同じく唐代、官吏を登用するにあたって人物鑑定の規準とされた四つの要素、容姿、言葉遣い、筆跡、文章のこと。人としての素養、教養、たしなみを測るもの差しということですね。私ならこれに食事の作法を加えますが。

外見ばかりを熱心に磨いても、書いた文字の「見た目年齢が若くてびっくり」では洒落にもなりません。

服や持ちもの選びに心を配るように、立ち居振る舞い、話し言葉、書き言葉にも心を配り、書く字まで美しい。そんな人でありたいものですね。

第4章

表現を磨く

41

知性と感性は
両の足。

人が右足、左足と交互に進め、ようやく遠くまでたどり着くことができるように、知性と感性もまた交互に進めることで、少しずつ、でも確実に奥へと進むことができます。

美しいものを美しいと感じるのは感性、その思いを言葉に置き換えるのは知性のいとなみです。感じたそのままを、ただ心の内にとどめていたのでは、記憶はやがて薄れてしまいます。

五感を通して、心に響くことをきめこまやかに味わい、それを丁寧に読み解いて、思いを言葉にしてみましょう。

そうやって、感じることと言葉にすることとを交互に進めていくことで、感じかたはより鮮やかに、言葉はさらに豊かに磨かれます。

言葉にすること、心を形にすること、知性を一歩進めることで、感性はまた一歩、前に進みます。

42

書くことは
自分の心を見つめなおすこと。
手紙は
心を映し出す鏡でもあります。

伝えたい思いがあるのに、うまく言葉にできない、そんなもどかしさを感じてはいませんか。

書くことは、自分の心を見つめなおすことでもあります。思いを文章にすることは、心の中にあるものをひとつひとつ丁寧にひもといて、確かめていくプロセス。

だれかに伝えたい思いを手紙にしてみましょう。手紙は、あなたの心を映し出す鏡にもなってくれます。

手紙を書くことを通して、話し言葉もまた、みずみずしくいきいきと豊かなものになります。

43

あなたと受け取る相手の心を結ぶ、
オートクチュールの手紙。
いとしい人に恋文を書くように、
ひとつひとつの言葉を
慈しんで、大切に思う心で
言葉を選びましょう。

手紙の文例集から既成の文章を拾ってすますのは、相手に「失礼にならないように」という思いからでしょうか。失礼にならない、そつがないことが礼にかなっているとは限りません。銀行の窓口だって、そつがないばかりがよいサービスではありませんね。

あなたの思いと似たような状況の文例はあっても、思いがそのまま伝わる文章が、手紙の書きかたの本やインターネット上の限られた文例の中に、見つかるはずがありません。

そこそこ使える程度の文章を書き写すなどという、姑息《こそく》な手段はやめましょう。どうしてって、そんな文面では、あなたの心は伝わらないからです。

書くからには、受け取った相手が何回も読み返したくなるような、心のぬくもりが伝わる手紙を書きたいもの。「失礼にならないように」などという消極的な発想から書き始めるのではなく、「相手が喜んでくださるように」と前向きな気持ちで、言葉を選んでください。

44

いきいきと伝わる文章を
書くためには、
いきいきと伝えたい心が
まずあること。
その心を見つめ、整理することで
初めて言葉が生まれてきます。

伝えたいことは目に見えません。あなたの頭の中にあるだけで、実はあなたにもはっきりとは見えてはいないのではありませんか。あなた自身に見えていないことがらを、伝わる文章にはできませんね。

まずはあなた自身の心の中を、すみずみまで丁寧に見つめなおしてみましょう。伝えたい思いは断片的な言葉になって、心の中に隠れているはずです。

心の中に見つけた断片的な言葉を書き留め、それを簡単な文章にしてから順序立てて並べ、伝えたいことを整理してみましょう。整理してみることで、伝えたいことがより鮮明になり、よりふさわしい言葉が生まれてくるかもしれません。

書くことは、考える能力を鍛えるいいエクササイズになります。

45

「お気遣いいただき
申し訳ありません」と
謝るのではなく、
うれしい気持ちを
伝えましょう。

お礼の手紙の書きかた

一、「ありがとう」だけではなく、相手の行為がどのようにうれしかったかを振り返り、心の中で再現しましょう。
二、心の中にある感謝の気持ちを具体的にたどります。場合によっては情景も描写しましょう。
三、自分の喜んでいる表情が伝わるような言葉を選び、相手が「よかった」と微笑んでくれるような表現を工夫しましょう。
四、丁寧に、失礼のないようにとの思いから、型にはまった表現にしないこと。
五、お礼の代わりに謝らないでください。恐縮するよりも、喜びを伝えてこそ「お礼」です。

46

失敗はだれにでもあることですが
後の始末をどうするかで
その人の人柄が見えるもの。
想像力は教養の出発点です。

お詫びの手紙の書きかた

一、自分の都合や申し開きは最小限にとどめてください。
二、「申し訳ございませんでした」「心からお詫び申し上げます」とお詫びの言葉を繰り返すよりも、相手の立場、自分がどんな迷惑をかけたかを具体的に想像して、相手が受け止めやすい言葉を選びましょう。
三、相手のやさしさや思いやりに感謝する言葉をひと言添えましょう。
四、心を伝える手段のひとつとして、何かしら大げさでない品物を送ることをおすすめします。
五、失礼を重ねないように、誤字脱字には気をつけて。
六、最後は相手にとってプラスの表現で終えましょう。

47

「早く元気になって」
という励ましが、
療養中の身には
重荷になることもあるのです。

お見舞いの手紙の書きかた

一、病状について詳しく触れることは避けます。

二、重い雰囲気になりがちな時。つとめて明るく前向きにと心がけましょう。

三、丁寧な中にも、軽やかな文体で。

四、「早く元気に」という思いは当人が一番感じているはず。焦燥感を与えないような表現を工夫しましょう。

五、便箋、封筒、切手の類も、気持ちが晴れるような、明るくきれいなものを選んでください。

48

ひらがな
バランスのとれた形で
やわらかく流れていると
全体がきれいに見えます。

数が多い漢字の練習は、とりとめもない作業のように思われるかもしれませんが、ひらがなはわずか四十六文字のことですから、練習もしがいがあるというものです。

字の練習にはよいお手本が不可欠です。

かなは日本特有の、やわらかな線が美しい文字。基本に立ち返って、それぞれの字の本来の形を確認し、正しい形で書くことが大切です。

印刷された活字の書体は、どれも特殊な形ですので、お手本にはなりません。かなのお手本には『高野切《こうやぎれ》第三種』をおすすめいたします。二玄社から自習もできるDVD付きの練習帳が出版されています。

読めないし、むずかしそう、と案ずることはありません。よいお手本と上手になりたいという熱意があれば、後は繰り返し練習するだけ。それだけで、どなたでも、驚くほど短期間に、きれいな字が書けるようになります。

49

上品な色遣いの上質な和紙、
肌触りのよいすべらかな紙を
見ていると、
それだけでも
心が浮き立ちます。

「目上のかたへのお手紙は白い便箋と封筒で」「万年筆で書くこと」などは決まりではなく、「こうすれば思いが、よりきちんと改まった印象で伝わりますよ」というヒントに過ぎません。

白い便箋・封筒は確かに格調高く、また一方では癖がなく無難でもあります。女性に差し上げる手紙でしたら、相手が目上あるいはご年配でいらしても、私なら、白無地よりも、たとえばうっすらと紅がさした艶っぽいものをあえて選びます。

相手の立場になって想像してみると、きちんとしてはいるけれど殺風景なものよりも、ほんのりやさしい色目のほうが、心が浮き立ち、うれしさも勝るのでは、と思えるからです。

上品な色遣いの上質な和紙、肌触りのよいすべらかな紙を見ていると、それだけでも心が浮き立ちます。便箋として売られているものでなくても、心がときめくような紙を見つけたら、手紙に使えるかしら、と考えてみてください。

50

敷居は伝統の中にあるのではなく
あなたの心の中にあるものです。
さっさととりはずせば、
人生はずっと軽やかに
しかも豊かになります。

墨と筆で書くことにも挑戦してみましょう。家に書道具の類があればこれ幸い、中学校時代の教材でも、硯くらいはまだ使えるかもしれません。できることなら、筆ペンよりも、毛筆をおすすめしたいのです。

字が下手だから、と諦めることはありません。同じ字なら、ボールペンより万年筆、万年筆より筆ペン、そして筆ペンよりも毛筆で書いた字のほうが、陰影と抑揚があって、味わい深く、それなりに上手に見えるもの。

まずはお手軽な筆ペンで慣れる。筆ペンで書き慣れたら、思い切って墨と筆にランクアップなさってはいかがでしょう。

「いつかその内」なんておっしゃらないでくださいね。「その内」はあなたが一歩を踏み出さない限り、向こうからやってきてはくれません。

伝統のあるものは、どれも敷居が高いと思われがちです。毛筆もしかり。なになに、日本人にとって筆記用具と言えば、永い間、墨と筆だけでした。

敷居は伝統の中にあるのではなく、あなたの心の中にあるものです。

51

模範的な手紙でなくても、
相手を思う精一杯の心が
伝わればいい。
手紙は心を伝えるものだから。

小学四年生の年でしたでしょうか。担任の先生のご夫君が三十代半ばのご年齢で急逝される、というできごとがありました。

作文の授業で、喪に服して休んでいらした先生に、生徒たちから励ましの手紙を書くことになり、いつもの原稿用紙の代わりに白い便箋が配られました。

四年生ともなれば、こんな場合の手紙にはどんな文面が適切か、おおまかにはわかっているものです。でも、私には、こうした時に「先生のご主人様は天国に召され、今もきっと先生を見守っていらっしゃることでしょう」といった慰めや励ましの言葉は、どこかそらぞらしいように感じられました。

どう書いてよいか、書き出しの言葉すら思いつかなかった私は「○○先生」という呼びかけから書き始め、いくつかのなぞなぞを出題し、次にその解答、そして説明を丁寧に書きました。そして最後に「先生、元気を出してください」とだけ書いたのです。

どんななぞなぞであったか覚えていませんが、たわいない言葉遊び、戯《ざ》れ言《ごと》の類であったことは確かです。ばかげたことを言ってでも、先生に笑ってほしかったから。悲しみや辛い思いを共感するふりよりも、それを乗り越えるような勇気や元気を送りたい、そんな気持ちでした。

自分で考えて行動することが、いつも学校側に注意される結果に終わることに慣れていた私は、手紙を書いてしまった後で、「不まじめ」「ふざけている」と受け取られはしないかと、少し不安になったことを覚えています。

不安は杞憂でした。お休みの後、戻っていらした先生は、私を呼びとめて、「お手紙ありがとう。真美ちゃんのやさしい言葉で、元気になりましたよ」とおっしゃってくださったのです。

模範的な手紙でなくても、相手を思う精一杯の心が伝わればいい。手紙は心を伝えるものだから。小さかった頃の記憶が、私にとっての手紙の原点です。

第5章

日々を磨く

52

エレガンスとは
飾り立てた美しさではなく、
むしろマイナスの美。
いらないものをそぎ落とし、
エッセンスだけを取り出した
内からにじみ出る美しさ。

生活とは、なんとたくさんの余分なものを抱え込むことなのでしょう。物質的にも精神的にも、余分なものは切り捨て、自分にとって価値のある大切なものやことだけに囲まれていたいものです。

人は貪欲な生きものです。ひたすらため込む一方で、切り捨てることはなかなかできません。思い切って切り捨てて、少しずつ身軽になることで、暮らしはずっとシンプルに美しくなります。

エレガンスとは飾り立てた美しさではなく、むしろマイナスの美。いらないものをそぎ落とし、濾過《ろか》し、蒸留し、エッセンスだけを取り出した、内からにじみ出る美しさではないでしょうか。

53

きれいなあなたには、
きれいな背景こそが
ふさわしいはず。

お化粧をしおしゃれをすることと、家の中をきれいにすることは、どちらも同じく感性と美意識が関わることです。

どんなにきれいにお化粧して趣味のよい服を身につけても、だらしない部屋に暮らしていては、生活態度が垣間見えてどこか品性卑しく見えてしまいます。おしゃれを通して磨いてきた感性や美意識を、暮らしかたにも生かせないはずはありません。

きれいなあなたには、きれいな背景こそがふさわしいはず。

今の住まいを、心身がゆったりくつろげる、明日への活力を生み出すことのできる、あなたにふさわしい空間にするために。できることから、さっそく始めましょう。

54

人生を楽しむために必要なもの、
美しいもの、好きなものだけを残し、
後はあっさりお別れしましょう。

冠婚葬祭用や非常時用のものは別として、ここしばらく使っていないもの、役に立っていないものは、すべていらないものです。中途半端ないらないものが空間を占領しているなど、もったいないことです。

捨てがたいもの、まだ使えるものは、フリマアプリサイトに出品するなり、支援団体に寄付するなりして、ほしい人、必要としている人の役に立つようにしましょう。

その内ではなく、いつ行動に移すのか、決めてしまいましょう。一週間以内にできないなら、捨てるべき運命だったのだと納得してください。捨てる時は思い切りよく。未練がましくしていては、いつまでも片づきません。

思い出のあるものは捨てにくいものですが、過去の思い出に埋もれて、これからの時間を不自由に過ごすことはありません。

大切な思い出は心の中にしっかりととどめ、思い出の品々は最小限まで整理して、ここから先の楽しい未来の思い出を、たくさん築いていきましょう。

55

雑多な種類のものを
並べる時は
種類よりも外見、
「色」で整理します。

バスルームの棚やクローゼットの中。ものが雑然と並んでいませんか。このままでは、お掃除をしても散らかって見えてしまいますね。

ものを種類や用途ではなく、色で分類してみましょう。

まず、赤系統のグループ、青系統のグループなどに分けたら、次にそれらを虹の七色の順番に並べます。赤、橙、黄、緑、青、藍、紫、ですね。その通りの色でなくとも、なぞらえて考えてください。

バスルームに三段の棚があるのなら、一番上は赤、オレンジ、ピンクのグループ。二段目は黄色から緑、三段目は青と紫系統、白のグループ、など。クローゼットも、アイテム別ではなく、色別に並べます。

複数の色が混在する時は、いつも虹の七色を思い浮かべて、並べてみてください。同じもの、同じ数なのに、すっきり片づいて見えることに驚かれるはずです。

色の魔法を知ると、生活はずっとすっきり整理されます。

56

きれいでいたければ
きれいなものを、
元気でいたければ
元気なものを
召し上がってください。

食べることにきちんと取り組んでいる人は、お肌もきれい、健康です。忙しい毎日で、お料理に時間をかけられないのでしたら、ちょっとした工夫で食事を楽しくしましょう。

手間ひまをかけられれば、それに越したことはありませんが、かけられない時ほど、腕の見せどころです。

買ってきたお惣菜や、ささっとゆでるだけ、炒めるだけのお料理でも、ほんのひと手間を加えるだけで、手をかけたひと品に変身します。

香りと彩りを添えてくれる薬味やあしらいの類、刻みねぎ、おろししょうが、パセリのみじん切り、春なら木の芽、夏ならみょうが、青じそ、冬はゆずの皮ひと刻みなどを、小さな密閉容器かジッパー付きの保存袋に入れておきます。いつでも使えるように、冷凍できるものは冷凍庫に、そうでないものは冷蔵庫に常備してください。パラリとのせるだけで、同じひと品が確実に格上げされます。

57

お料理で手を抜くことがあっても、
演出には手を抜かないこと。

演出といっても、大げさなことではありません。食事を楽しくするための、ほんのひと手間のことです。

演出のこつは、まず「お題」、テーマとなる言葉を考えること。お題が決まれば、おのずから工夫が生まれます。レトルトのカレーも「マハーラージャの夕べ」と銘打てば、きれいなお皿に盛り付けたくなりませんか。

季節は、だれにとっても、いつでもそこにあるお題です。今の季節を感じさせるには、と考えれば、何かしら楽しい遊びを思いつきますね。

旬のひと味だけではありません。季節の色、空気感に気づき、折節の行事を意識するきっかけにもなります。お題のゲームで、単調になりがちな日々の食卓に、ほんの少し、ゆとりと華やぎが生まれます。

遊びをせんとや生まれけむ。ちょっとした遊びで、暮らしはずっと楽しく、豊かになります。

58

自分ひとりで
できあいのお惣菜を
夕食となさる時こそ
器は、好きなもの、
愛着のあるものを。
和食なら、お箸置きも忘れずに。

いい器はお客様用にとしまいこんで、日常は趣味の合わないいただきものや、どうでもいい半端な食器ばかりを使ってはいませんか。

きれいなもの、好きなものこそ、ご自分のために、日々の食卓で使ってみてはいかがでしょう。それだけでも食卓が明るく、食事の時間が楽しくなります。好きなものであればこそ、ものを大切に、丁寧に扱う心も生まれます。盛り付けにもおのずと心を配りたくなります。

贅沢な食材や手の込んだお料理は、人生の楽しみのひとつにはなっても、それだけが豊かな食卓ではありません。

一歩家の外に出れば、ゲームセンターやら大衆向けの飲食店やら、美意識とはおよそ無縁の、けばけばしい装飾がいやでも目に入るこの国で、せめて家の中くらい、好きなもの、美しいものに囲まれて暮らしたいものです。

59

家事は
音楽を聴きながら。

食事の後片づけはすぐにすること。時間が経つと、洗う手間も倍増し、面倒になってしまいます。勢いをつけるために、音楽を流すなどいかがでしょう。私はモーツァルトを聴きながら、家事をします。ピアノソナタはどれも整理整頓がはかどりますし、オペラは、お皿洗い向き。私の定番です。ルチアーノ・パヴァロッティが力強く、あるいはやさしく、あるいは軽やかに歌う声を聴きながら、洗って、拭いて、しまって。ついでに床まで、きれいに拭きあげると、一緒に歌いだしたいくらい、すっきり晴れやかに片づきます。お試しくださいませ。

生活感を感じさせない手のために、お片づけの後はハンドクリームを忘れずに。

60

家の中に、いつも花を
絶やさないようにしましょう。
小さなことですが、それだけで
家の中が明るく、あたたかく、
生活が楽しく感じられます。

一日が終わり、外出から疲れて家にたどり着いた時、玄関に飾った花が甘い香りを漂わせて出迎えてくれたら。それだけでほっと心がなごみませんか。部屋のどこかに花があるだけで、意識せずとも、部屋全体に穏やかなぬくもりが漂うようです。玄関、寝室、居間など、あちこちに花があれば、暮らしが花の香りに包まれます。花の香りは幸せの香りでもあります。

花を愛する心は、命をいとおしむ心。無機質のものが並ぶ部屋の中で、花は命のぬくもりを感じさせてくれます。

19

心はいつも
よそゆきでいましょう。

どうせ今日も何も変わらない一日、と下を向いてはいませんか。

心がしぼみそうな朝は、きらきらとこぼれる陽射しを浴びながら、風を胸いっぱいに吸って、ゆっくり吐いてみましょう。初夏には風が新緑の香りを運び、雨上がりには湿った土の匂いがたちこめています。

ああ、気持ちがいいですね。いつもと違うよそゆきの香りを身にまとった気分になりませんか。

心はいつもよそゆきでいましょう。今日という日は、いつも特別の日なのですから。

62

「慌ただしい」は「心を荒らす」、

「忙しい」は「心を亡くす」。

一日が、ひと月が、そして一年が目まぐるしく過ぎていきます。

「大人になるにつれて楽しい時は短くなるのだろうか」と歌ったのは井上陽水さんでした。そろそろ大人になってきたものか、楽しい時もそうでない時も、すべての時が目の前をどんどん流れ過ぎていくようです。

「慌ただしい」は「心を荒らす」、「忙しい」は「心を亡くす」と書きます。

階前《かいぜん》の梧葉《ごよう》はとうの昔に秋の色、やり残したことは目の前に積まれているけれど、心を荒らしては前に進めない。心を亡くしては生きていけない。

やり残してもいいから、ひとつひとつを丁寧に、心をこめてしていきたいものですね。

大切なこと

十五歳で米国留学を決意したのは、文化や価値観の異なる環境に身を置きたかったからでした。当時カトリック系の女子校に通っていた私は、楽しいこと、人を笑わせることが好きな性格を「不まじめ」と否定され、自分らしくあることが許されない環境を窮屈に感じておりました。

　人を笑わせる能力は米国では当時から高く評価されていました。二年間を異質の文化と価値観のもとで過ごし、自分の心が向く先が間違っていなかったという確信は、私の心に自由にはばたく大きな翼を与えてくれました。

　その後も寄り道や挫折、愚かな失敗を繰り返しはしましたが、「言葉を通して人を笑顔にする、元気にする」ことは私にとって大切なこと、生きる意味でもあります。あの留学体験が原点にあって、今の私があります。

　あなたの心を枠に閉じ込めないでください。大切なことを見失うかもしれません。

第6章

人生を磨く

63

学びて時に之《これ》を習う、
亦《また》説《よろこ》ばしからずや。

――『論語』

「学びて時に之を習う、亦説ばしからずや」

学び、実践することで、学びを生きたものとする。これこそ人生の喜びではないか。

「朋《とも》有り遠方より来る、亦楽しからずや」

志を同じくし、人生を語り合える友がある。これほどの楽しみがあろうか。

「人知らずして慍《いきどお》らず、亦君子ならずや」

自分の生きかたを人がわかってくれなくても、気にしない、気にしない。これぞ君子たるものではないか。

つぶやくだけで心を奮い立たせてくれる言葉がある。亦幸せならずや。

64

人は阿《あ》留《る》辺《べ》幾《き》夜《よ》宇《う》和《わ》と云
七文字を持つべきなり

鎌倉時代の高僧・明恵上人の遺訓

自分自身の「あるべきようわ」、どうあるべきか、どうあらねばならないか、にまっすぐに向き合えるようになったのは、五十歳を過ぎてからだったでしょうか。

歳を重ねることは成長していくこと。学び、少しでも広く、深くを知ることは何ものにも代えがたい喜びです。一方で、守るべきものが何かが見えてくることで、自分にとって大切なことだけを残し、ほかを切り捨て、あるいは諦めることができるのも、年の功。若さには望めないことです。

いつも「今」を大切に、残された時間があるのなら、一歩でも前に進み、成長していたいもの。学ぶことをやめたら成長は終わり、老化が始まります。

過去への郷愁は数多《あまた》あれど、無知で未熟で愚かであった若き日の自分への恥ずかしさが先立って、「若い頃の自分に戻りたい」などとは、想像だにしないことです。

65

歳を重ねることが失うだけのことなら
神様は人をこんなに長生きさせる
はずがありません。

積み重ねてきた知識や経験は、言うまでもありません。寛容な心、深い洞察力、揺るがない軸、言葉の豊かさ。口幅ったいことですが、叡智や見識などという、口にするのもおこがましいものにも、若き日々と比べれば、ずっと近づいているはずです。

外見も同じこと。肌のはりは失っても、内からにじみ出るゆとりのある表情は、若さにはない魅力をたたえているはず。

「二十歳の顔は自然が授けてくれたもの。三十歳の顔は生活が形作るもの、五十歳の顔はあなたが手に入れるもの、あなた次第」とは、ココ・シャネルの名言でした。

歳を重ねていくにつれ、その人が過ごしてきた時間、考えてきたこと、どんな心で、そしてどんな言葉で人と接してきたかを、顔が、表情が、物語ります。

66

お肌の老化よりも、
心の老化こそ
嘆くべきものです。

還暦を過ぎる辺りからでしょうか、女性も男性も、人の話を聞くよりも、自分の話したいことを一方的に話す傾向が見えてきます。想像力が鈍くなるのか、やさしい心や思いやりまでが、ややもすれば押しつけがましくなってしまうのは、残念なことです。

「相手の立場になって」と言葉にすれば、いかにも簡単そうに響きますが、人の立場になって想像することは、そうそうたやすいことではありません。

人はだれでも、楽しいこと、悲しいことを経験しながら、日々を精一杯生きています。ひとりひとりの暮らしを心の中で具体的に想像することで、人への理解と興味、愛情が湧いてきます。

経験で得た知識で人を決めつけるのではなく、想像力を鍛え、それぞれの思いを理解しようとすることに、経験を役立ててください。

67

若い時にしたかったこと、
できなかったこと、
今から始めてみませんか。

あれもこれもと手をつけるより、自分がほんとうにしたかったことを、整理してみましょう。

体を動かすことも結構、頭を使うことも結構。

日本舞踊にせよ、バレエにせよ、あるいはフラダンス、社交ダンス、フラメンコ、どんなジャンルでも、踊ることをなさっているかたは、背すじがすっと伸びて、後ろ姿が颯爽としています。

歌、楽器、外国語、書道、茶の湯、絵画、パソコン。以前から興味があったこと、新しく興味を持ったこと。今から始めてみましょう。人よりできなくても、恥ずかしいことはありません。一歩を踏み出せるのに、踏み出さずにいる自分をこそ恥じましょう。

68

自分にできること、
自分にしかできないこと。

何をしたいのか、何をすればいいのか、迷い、行き詰まった時、この言葉をつぶやくだけで、見えない答えにおのずと導かれます。

何をしたいかよりも、天から授かったもの、経験の中で培ってきたものは何か。自分だからできる、自分にしかできないことは何か。

人ができることなら、自分がする必要はありません。一見つまらない仕事でも、自分がする以上は、いかに効率よく、いかにきれいに、いかにいい結果を出すか、そう考えれば、つまらない仕事ではありません。無駄な仕事や雑な仕事はありません。自分がそれを無駄にし、雑にするだけです。

人はないものねだりが得意です。今の自分にはできないことを悲しむのではなく、今の自分だからこそできることを見つめてください。

両親から、そして天から授かった多くの徳、才能や能力、健康、環境など、自分の力で手に入れたのではない多くの徳に気づき、授かったことに感謝して、最大限に活かすことを考えていけば、迷うことなく、道は見つかります。

69

天は自ら助くるものを助く。
人事を尽くして天命を待つ。

自分にできる限りのことを、心をこめて精一杯したら、後はあれこれ案じることはしません。神様の思し召し、御仏のお導きにお任せして、仕上げは脳天気といたしましょう。

70

善く生きることと
美しく生きることと
正しく生きることは同じ。

ソクラテスの言葉です。

善く、美しく、正しく、ついでにいつも笑顔で。そんな生きかたがしたいですね。

幸せだから笑っているのではなく、笑っているから幸せになるのかもしれません。

今日も一日、できる限りの善いこと、美しいこと、正しいことをして、笑って過ごしましょう。

あとがき

女性ならだれしも「素敵な女性」になりたいし、「エレガントな女性」に憧れます。

でも「素敵」も「エレガント」も、目標とするにはあまりにとりとめなく漠然としていて、いったいどこから手をつければいいのか戸惑ってしまいますね。結局一歩を踏み出せぬまま歳を重ね、あるいはためらって前に進めずにいるのではありませんか。

エレガンスとは、人生を愛する心。人を思いやるやさしさ。周囲を包むあたたかさと明るさ。頼らない、自分を見失わない強さ。知性に裏づけられ、感性に彩られた自信にあふれた美しさ。それらのすべてにバランスのとれた背すじの伸びた生きかた、美しい歳の重ねかた。

たとえば、きれいな言葉で自分の意見や考えを伝えられる。明るい笑顔とやさしい言葉で周囲をなごませることができる。どんな場面でも気後れせずに堂々とかつ優雅に振る舞える。日本のこと、歴史や伝統、しきたりについてきちんと語れる。自分自身を賢く演出する術《すべ》を心得ている。不満を並べ立てることなく、思いを実現できる。歳を重ねることは成長することと実感している。そんな教養と洗練、気品と色香を備えた女性に一歩でも近づきたい思いで、私もまた、道を探し求めながら、失敗も挫折も恥もたくさん経験しつつ、今に至っております。

立ち止まって、歩んできた道を振り返り、道すじに見つけた色とりどりの「花」を、一冊の本にしてあなたにお贈りいたします。あなたの歩む道にも同じ花を咲かせていただき、あなたの人生をさらに明るく、楽しく、美しく、豊かなものにするお手伝いができましたら、何よりもうれしいことです。

令和二年晩春　丹生谷真美

丹生谷真美◆にうのや・まみ
1950年、東京に生まれる。光塩女子学院高等科在学中、米国留学。帰国後、国際基督教大学在学中より、通訳・翻訳に従事。1980年よりインターナショナルスクールの校長秘書、事務局長を経て副校長を務める。1986年、日本で最初のフィニッシングスクールの校長に就任。1992年独立。東京・田園調布で、おとなの教養と真のエレガンスを養うためのサロン教室を主宰する。2020年よりオンライン講座も開催中。NHKよるドラ「いいね！光源氏くん」（主演：千葉雄大　原作：えすとえむ）劇中和歌を担当。
丹生谷真美のフィニッシングスクール　TEL.03-3722-7830
〒145-0071 東京都大田区田園調布2-23-9

※この本は、以下の本をもとに、新規撮影、書き下ろしを加えて再編集したものです。
『あなたが花になる美しい日本語』『美しい人の美しい手紙』
『母から学んだ、きちんときれいな暮らしかた』『手紙の作法』『いつまでも、をんな』

撮　影　白井 綾
撮影AD　保科 薫（Dish）
装　丁　福澤知子（Dish）
校　閲　小川かつ子
編　集　佐藤真由美

暮らしを磨く美しい言葉

著　者　丹生谷真美
編集人　泊出紀子
発行人　倉次辰男
発行所　株式会社 主婦と生活社
〒104-8357 東京都中央区京橋3-5-7
https://www.shufu.co.jp
編集部　TEL.03-3563-5129
販売部　TEL.03-3563-5121
生産部　TEL.03-3563-5125
製版所　東京カラーフォト・プロセス株式会社
印刷所　太陽印刷工業株式会社
製本所　小泉製本株式会社

ISBN978-4-391-15481-8